キャリア教育に活きる!

センパイに聞く

仕事ファイル

27

防災の仕事

災害対応ロボット開発者
ドローンパイロット
災害救助犬訓練士
構造設計者
消防車開発者
気象庁地震火山部職員

小峰書店

小峰書店 編集部 編著

㉗ 防災の仕事

Contents

キャリア教育に活きる！ 仕事ファイル

災害対応ロボット開発者

Rescue Robot Designer

トピー工業
天津 悟さん
入社3年目 27歳

危険な場所での作業は災害対応ロボットにまかせてください!

災害対応ロボットは、危険な場所で人の代わりに作業するロボットです。なかのようすをカメラで撮ったり、なかからものを運び出したりと、さまざまな作業を行います。トピー工業で災害対応ロボットの設計を行う、天津悟さんにお話をうかがいました。

Q 災害対応ロボットの開発者とはどんな仕事ですか?

災害対応ロボットとは、災害で建物がこわれたり、有毒ガスや放射線が出たりして人が入れなくなったところに入り、作業するロボットのことです。開発者は、そのロボットにどんな仕事をさせるかを決め、仕事にあったかたちや動き方を考えて設計図をつくります。

ぼくが開発しているのは、クローラーロボットと呼ばれるロボットです。クローラーとは、回転するベルトによって動く仕組みのことで、ロボットの足になる部分です。クローラーは地面に着いている面積が広いのでたおれにくいのが特徴です。段差をのりこえて進むこともできるので、足場の悪い災害現場でよく使われます。そのため、災害対応ロボットとも呼ばれています。

ロボットは基本的な機能をもった量産機と、お客さんの要望にあわせてひとつひとつつくられる特注機があります。開発をするとき、初めに考えるのは、どんな大きさのロボットで、どこにカメラをつけるかなどといった、ロボット全体のかたちです。次に、考えたロボットのかたちを3DCADソフト※を使って図面にしていきます。必要な部品ひとつひとつの図面も、大きさやかたちを計算して描きます。図面は、できあがったかたちがわかりやすい立体のものと、大きさがわかりやすい平面のものの、両方を描いています。

ぼくの描いた図面をもとに、必要な材料を注文したり、工場のスタッフに組み立ててもらったりするので、まちがいがないように気をつけています。

クローラーロボットの動きを確認する天津さん。タイヤのような部分がクローラーで、階段の上り下りもできる。

Q どんなところがやりがいなのですか?

特注機の場合、お客さんの指定した部分以外は、自分のアイデアを自由にロボットに入れられるところです。安全性に問題がなければ、自分がかっこいいと思うかたちに設計することもできるんですよ。

自分が設計したロボットが実際に組み上がり、イメージ通りの動きをすると、とても達成感があります。

設計するときは、工場での組み立てやすさにも、こだわっている。

天津さんのある1日

08:00 出社。ラジオ体操・朝礼
▼
08:15 ミーティング。設計の進み具合を報告し、今日の予定を確認する
▼
09:00 設計
▼
12:00 ランチ
▼
12:45 設計
▼
14:00 工場に移動。ロボットの組み立てを行うスタッフに、組み立てやすさのポイントなど、現場ならではの意見を聞く
▼
14:30 設計。組み立てスタッフの意見を参考に設計を再開
▼
16:30 退社

用語 ※ 3DCADソフト⇒乗り物や建物、機械製品などの設計図をつくるためのソフトウェア。ものを平面的にも立体的にも表示して、数値を計算しながら設計図をつくることができる。

Q 仕事をする上で、大事にしていることは何ですか？

ぼくはクローラーロボットの設計を始めてからまだ2年しか経っていないので、経験が多くありません。そのため、先輩社員から過去につくったロボットのことを積極的に聞くようにしています。自分にはなかった発想や、ちがう視点からの意見が聞けることもあって参考になります。

自分で考えて、それでもわからないことがあれば経験者に意見を求める。それが、仕事をスムーズに進めるためのコツだと思います。

「開発者どうしの意見交換から新しい技術やアイデアが生まれることがあります」

Q 今までにどんな仕事をしましたか？

入社し、4か月間研修を受け、8月からクローラーロボット部の設計チームに配属されました。その後、量産機と特注機の設計を経験しました。量産機というのはトピー工業が自分たちでどんなロボットにするか考えてつくり、販売する商品です。特注機は、お客さんが指定するロボットのことで、特別注文品です。量産機は、だれもが使いやすく、購入しやすい価格でつくることを目指します。一方の特注機は、お客さんの要望通りのロボットになるようにつくります。同じ設計でも、考え方がちがうんです。

「今後は人工知能をもった災害対応ロボットもつくってみたいです」

Q なぜこの仕事を目指したのですか？

中学生のときに地元でロボットコンテストの地区大会があり、その会場に父が連れて行ってくれたのが始まりです。ロボットコンテストとは、高専※の学生が、毎年、テーマに沿ったロボットをつくって競い合う大会で、「ロボコン」の呼び名で親しまれています。これを見て、自分でもロボットをつくってみたいと思うようになり、高校ではなく高専に進学してロボコン部に入りました。

災害対応ロボットに目が向くようになったのは、ぼくが高専3年生のときに起きた、東日本大震災がきっかけです。毎日流れてくるニュースを目にして、災害に対しロボットで何かできないかと考えるようになったんです。

大学では救助ロボットの研究を行い、将来は、災害地で役に立つロボットづくりを仕事にしようと思いました。そんなとき、放射性物質による汚染でなかに入れなくなった福島第一原子力発電所で、「サーベイランナー」というクローラーロボットが活躍していることを知ったんです。つくった会社を調べると、トピー工業でした。

Q 仕事をする上で、難しいと感じる部分はどこですか？

設計は、ロボットをつくるときの大本となる仕事です。そのため設計にまちがいがあると、初めからやり直さなければならなくなってしまいます。

仕事を始めたばかりのころ、設計ミスをしてしまい、うまく組み立てられないことがありました。工場のスタッフが、ぼくの描いた設計図を見ながら組み立てているときに、そのミスに気がついたんです。作業をすべて止めて、設計を見直した結果、部品を買いかえてつくり直すことになってしまいました。設計の難しさと、責任の重さを感じた瞬間でした。先輩の経験談を積極的に聞こうと思うようになったのは、この失敗があったからです。

また、災害対応ロボットというのは、高価な材料を使って、究極のロボットをつくればよいというわけではありません。どんなに高性能でも、値段が高すぎたら買ってもらうことができず、必要としているところに届けられなくなってしまうからです。価格設定と使う材料のバランスを考えるのも難しい部分です。

用語　※ 高専 ⇒ 高等専門学校のこと。技術者の養成を目的とした、5年一貫教育の学校。

Q ふだんの生活で気をつけていることはありますか？

ロボット業界では、日々新しい技術が生まれています。進歩する技術の流れを追うために、新聞やインターネットなどで、毎日ロボット関連のニュースを見るようにしています。

ぼくがつくっているのは災害地で活躍するクローラーロボットですが、人型タイプやドローンのような飛行タイプ、掃除をするロボットなど、さまざまなロボットに注目しています。最近は、人間のように自ら学習して知識を増やしていける人工知能（AI）技術を組みこんだロボットが増えてきていて、刺激を受けています。

パソコンとコントローラー

機械用工具

PICKUP ITEM

ロボットの動きを確認するときに使うパソコンとコントローラー。コントローラーはゲーム用のものと似たかたちをしている。機械用工具は、試作品を組み立てたり、修正をしたりするときに使う。

Q これからどんな仕事をしていきたいですか？

今は、営業の社員が、お客さんの要望を聞いて、ロボットにつける機能をまとめています。ぼくは、要望がまとめられた「仕様書」をもらって設計していますが、将来的には、お客さんとの打ち合わせに参加し、仕様書をつくるところからロボットの設計に関わりたいと思っています。設計担当として、お客さんに直接自分のアイデアを提案し、より使いやすいロボットをつくりたいんです。

また、ロボットを動かすための電気の配線や、ロボットの動き方を指示するプログラミング※も勉強して設計できるようになりたいです。今は、それぞれ専門の担当者が設計をしています。電気配線やプログラミングが自分でもできるようになれば、今よりもっとロボットの動き全体を見通した設計ができると思うので、習得したいです。

ロボットの試作品を組み立て中。問題がないか確認する。

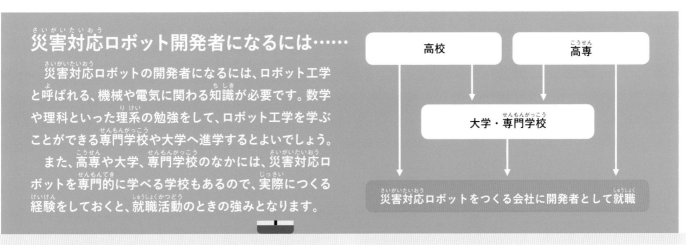

災害対応ロボット開発者になるには……

災害対応ロボットの開発者になるには、ロボット工学と呼ばれる、機械や電気に関わる知識が必要です。数学や理科といった理系の勉強をして、ロボット工学を学ぶことができる専門学校や大学へ進学するとよいでしょう。

また、高専や大学、専門学校のなかには、災害対応ロボットを専門的に学べる学校もあるので、実際につくる経験をしておくと、就職活動のときの強みとなります。

```
高校        高専
 │           │
 └──→ 大学・専門学校 ←──┘
 │           │       │
 ↓           ↓       ↓
災害対応ロボットをつくる会社に開発者として就職
```

※ この本では、大学に短期大学もふくめています。

用語　※ プログラミング ⇒ コンピューターに作業を行わせるための命令（プログラム）を、専用の言語を使ってつくること。

ロボットのような機械の設計は、使う材料の特徴や、部品の種類、振動や熱に対する強さを計算する方法など、専門的な知識がないとできません。新しい技術や材料もどんどん増えているので、つねに学ぶ姿勢が必要です。

また、物事を論理的に考える力も大切です。例えば、「部品Ａをここに置くには、横の部品Ｂを小さくする必要がある。だからＢではなくもっと小さい部品Ｃに変えて設計をし直そう」といった具合です。

目指すかたちを初めに決め、つくるためにどうすればよいか逆算し、今やることを考える。このように、筋道を立てて進められる力が、ものづくりには必要なんです。

天津さんの夢ルート

小学校 ▶ 動物学者

テレビの動物番組を観て、
動物のことを調べる学者にあこがれた。

▼

中学校 ▶ ロボットをつくる人

2年生までとくに夢はなかったが、
3年生のとき「ロボコン」を見て
ロボットをつくりたくなった。

▼

高専 ▶ ロボットの開発者

東日本大震災の被災地のようすをテレビで観て、
ロボットで力になりたいと思った。

▼

大学・大学院 ▶ 救助ロボットの開発者

消防車が並ぶ防災展を見に行き、
消防車両や救助活動を行うロボットの
開発者になろうと考えた。

スポーツをいろいろとやっていました。部活は卓球部で、テニスや水泳も小学生のころから習い事としてやっていました。

自転車にのって、ひとりで探検するのも好きでした。中学生なので隣町くらいまでしか行けませんでしたが、初めての道を走ったり、新しい店を見つけたりと、いろいろな発見があって楽しかったです。また、家に友だちを呼んでテレビゲームやカードゲームをして遊んでいました。

得意な科目は理科と数学で、苦手な科目は英語と国語でした。ロボットの設計には、計算が欠かせないので、その意味では、数学が得意でよかったと思います。英語は勉強しておくべきでした。新しい素材や技術の資料は、多くが英語で書かれているので、今になって少し苦労しています。中学生時代の勉強は、基礎が学べるので、やっておいた方がいいですよ。

遊んでばかりいたという中学生時代。勉強するようになったのは、ロボットをつくりたいという夢ができてから。

小さいころから体を動かすことが好きだった天津さん。部活は友だちにさそわれて卓球部に入った。ラケットは、当時使っていたもの。

Q 中学のときの職場体験は、どこに行きましたか？

地元のスーパーマーケットに行って、品出しの手伝いをしました。お店の奥にある倉庫から商品を出して、店頭の棚に並べる作業です。

店内を見まわり、売れてしまって、数が減っている商品があれば、倉庫から出してきて並べます。並べるときは、賞味期限が長いものを後ろにするように教わりました。ほかには、商品を探しているお客さんに、置いてある場所を案内することなどにも挑戦しました。

Q 職場体験ではどんな印象をもちましたか？

ふだん何気なく買い物をしているスーパーでも、役割がたくさんあり、いろいろな仕事をしている人がいることに、おどろきました。そういう人たちがきちんと仕事をすることで、ぼくたちは便利に買い物ができるんだということを知ることができました。

お客さんに探している商品の場所を聞かれたとき、ぼくは、どこにあるか知っていたのに、緊張してうまく答えらなかったんです。そのときに、「接客業は向いていないな」と思いました。

Q この仕事を目指すなら、今、何をすればいいですか？

先ほども話しましたが、機械の設計には計算が求められるので、数学の勉強はしておいた方がよいです。ぼくの場合は、中学生時代の基礎的な勉強をあまりしていなかったので、高専に入学してから苦労しました。

また、何でもよいので、ものづくりをしてみてください。自分の手でつくることで、それまで気がつかなかったことに気づくと思います。反対に、安全の範囲内で分解してみるのもおもしろいです。ぼくはよく、シャープペンシルや目覚まし時計の分解をしていました。部品の役割を知り、組み立て方を知ると、よい設計ができるようになりますよ。

災害に対して何かできることはないかと考え見つけた答えがロボットでした

－ 今できること －

ふだんの暮らし

災害対応ロボットは、災害の種類や、場所によって、求められる機能がちがいます。台風でたおれた建物のなかのようすを撮影するためや、津波で事故を起こした原子力発電所で放射線の量を測るためなど、目的はさまざまです。

日ごろから災害に意識を向け、新聞を読んだり、ニュースを観たりして、自然現象が引き起こす災害について学びましょう。また可能であればボランティア活動に参加して、災害にあった人たちに、話を聞いてみましょう。

数学

図面の作成には、細かい計算が必要です。少しでも計算ミスがあると、ロボットは組み立てられません。ひとつひとつ確かめながら、正確に解けるようにしましょう。

理科

災害原因となる地震や津波の発生する仕組みについて学び、自然環境問題について考えましょう。

技術

金属加工の技術や機械の仕組みを、実際にものをつくりながら勉強することができます。また、開発者の仕事道具であるパソコンの使い方の基礎も学べます。

英語

最新の技術や素材に関する説明は、英語で書かれていることがほとんどです。文法を覚え、英文を正しく理解できるようにしましょう。

ドローンパイロット

Drone Pilot

日本気象協会
小林朋樹さん
入社4年目 26歳

> 人が立ち入れない
> 危険な場所でも
> ドローンで調査します

空中撮影や農薬散布、荷物の運搬など、ドローン（無人航空機）の活用がさまざまな分野で広がっています。今回は、ドローンを使って防災に役立つ気象観測に取り組んでいる、日本気象協会のドローンパイロット、小林朋樹さんにインタビューしました。

Q ドローンパイロットとは どんな仕事ですか？

ぼくがつとめる日本気象協会は、1950年に日本で初めてできた民間の気象会社です。さまざまな調査や分析を行い、精度の高い天気の予測をしています。ほかにも、火山や津波に関するデータを集め、調査・分析し、災害から人々を守るために、さまざまな情報を伝えています。

ぼくはドローンパイロットをしています。ドローンとは人が地上で操縦する無人航空機のことをいいます。ドローンによって人が簡単には立ち入れない場所や、危険な環境での観測ができるようになりました。

例えば鹿児島県の桜島では、ドローンを飛ばし、火山周辺の地上1000mまでの風向や風速、気温などを測定しています。そのデータから、噴火が起きたときに火山灰や噴石がどのように落下するのかを調べています。

これまでは、上空を観測するには、測定器を風船にとりつけて飛ばす方法が主流でした。しかしこの方法では、風船の操縦ができませんし、風船が使い捨てになってしまうため、お金がかかります。その点、ドローンは精密で、正確な操縦が可能なので、整備すれば同じ機体を何度でも飛ばせます。今後は、さまざまな調査がドローンによって行われるようになると考えています。

ドローンを飛ばす前に、ネジがゆるんでいないか、1か所ずつ最終点検を行う。

ドローンの上に、風向きや風速を測る、棒状の計測器をとりつける。

まずは低い高さで飛ばし、飛行に問題がないかを確認。その後、調査場所まで飛ばす。

Q どんなところが やりがいなのですか？

ドローンの操縦を楽しみながら、社会に役立つ調査ができるところです。ドローンによって、これまで調査が難しかった場所で新たな発見ができるのは、大きなやりがいですね。

桜島の調査は、今はデータを収集している段階で、まだ調査結果を社会で役立てるところまではきていません。予報というのは、観測を重ねてデータが蓄積されるほど、精度が高くなるものです。天気予報がそのよい例です。鹿児島に住む人たちの生活に、降灰予報※は欠かせないものですが、これまでは満足に観測ができず、予報が外れてしまうこともありました。しかし、これからドローンでの観測が進んでいけば、データがどんどんたまっていって、精度の高い降灰予報ができるようになるはずです。

前例のない、新たな観測技術開発の第一歩にたずさわっている責任感と誇りをもって、日々の仕事にあたっています。

小林さんのある1日（桜島調査時）

08：30	調査現場入り
09：00	機器の準備
11：00	午前中の調査開始
12：30	ご当地昼食
13：30	午後の調査開始
17：30	宿にもどり、調査員で鹿児島の名物を楽しむ

用語 ※ 降灰予報 ⇒ 火山の噴火のときに、どの地域にどれくらいの火山灰が降るかを予測した情報。
火山灰の量によっては、交通障害や健康被害、農作物への影響が出るため、生活に欠かせない。

Q 仕事をする上で、大事にしていることは何ですか？

観測の事前準備が大事です。ドローンを安全に飛ばすためには、パイロットの操縦技術も重要ですが、その前に、きちんと準備をすることが何より大切なんです。

ぼくは大学時代にドローンの操縦経験があるのですが、当時はぶっつけ本番で飛ばしていたので、風にあおられて墜落したり、操縦方法をまちがえて羽をこわしたりすることもありました。せっかく調査に行っても、パイロットの準備不足でドローンが動かなかったら、何も観測できなくなります。その上、調査メンバーのその日1日をむだにしてしまうのです。

準備ではまず、「今回の調査はどんな目的で行うのか」を理解します。次に、ドローンの操縦方法を確認し、ドローンにとりつけた機器に問題がないかを点検します。最後に、調査メンバー全員の前で、調査のくわしい説明や流れを、声に出して説明します。どれも単純なことですが、おろそかにしてはいけないんです。

調査の目的によって、ドローンにつける測定器は変わる。

調査場所に持っていく前にドローンの装備を確認。確認もれがないように、チェックリストにそって点検する。

Q なぜこの仕事を目指したのですか？

子どものころから好奇心が旺盛で、「将来は、人とちがったことがしたい」と思っていました。高校時代に理系を選択し、大学の学部を調べていたら、「地球学」という分野が目に留まりました。調べてみると、気象や環境を調査して、問題を解決する方法を探したり、未来を予測したりする学問でした。それまで、気象について考えたことはなかったのですが、無限に広がる空にロマンを感じ、「空を仕事にできたらかっこいい」と思って、気象を学べる大学に進学しました。

ドローンと初めて出合ったのは、大学の研究室です。「気象観測のためにドローンを購入したんだけど、卒業研究で取り組んでみないか？」という先生の提案に、人とちがうことをやりたかったので、すぐに賛同しました。ドローンの操縦技術が身につけられたのは、この研究室のおかげです。落としたりぶつけたりしながら、飛ばす練習を何度もくりかえしました。この経験のおかげで、社会人になってからは、まだ一度もドローンを落としたことがありません。

大学在学中に気象予報士の資格もとり、ドローンによる気象観測の経験も活かせると思い、日本気象協会への就職を目指しました。

Q 今までにどんな仕事をしましたか？

日本気象協会にはドローンパイロットが複数いますが、そのうちのひとりとして、入社してからずっと気象観測にたずさわっています。気象の学会では、桜島で観測した気象データや調査内容を発表しました。

また、ドローンとは別に、「環境アセスメント」の仕事も行いました。環境アセスメントの仕事は、道路や橋や住宅地、商業施設などをつくる開発事業の前に、開発によるまわりの環境への影響を調査して予測します。そして、その事業がどのくらい環境に影響をあたえるかの評価を下します。結果は公表され、開発事業を行う会社は、周辺に住む人や地域の自治体と話し合いながら、より環境に優しい開発計画をつくります。今後は周辺の環境を調べるときにも、ドローンが活用されるかもしれませんね。

小林さんが手に持っているのは、風の強さを測る風速計。安全な飛行のため、ドローンを飛ばす前に、まずは地上の風速を確認する。

Q 仕事をする上で、難しいと感じる部分はどこですか？

「失敗は許されない」ということです。例えば、自分の操縦ミスでドローンがこわれてしまったら、修理が完了するまで調査ができません。仕事における失敗は、仕事を依頼してくれた会社や自治体、同僚に迷惑をかけてしまいます。もちろんドローンの修理費もかかってしまいます。だからこそ、失敗しないために、事前準備をきちんとすることを大切にしています。また、ドローンを使った気象観測は新しい試みなので、調査方法がまだ確立されていません。試行錯誤しながら観測しており、難しいことも多いです。でも同時に、だれもまだ見たことのない世界を切りひらくおもしろさも実感しています。

Q ふだんの生活で気をつけていることはありますか？

仕事と休みのメリハリをつけることです。日々の仕事に全力で取り組むには、気分転換や気晴らしが大切です。ぼくのいちばんの気晴らしは、休日に高校や大学の友人たちと集まり、お酒を飲みながら話をすることです。みんな別々の仕事をしているので、会話をしているうちに、「そんな考え方があったのか」「おもしろいアイデアだな」と、発見がたくさんあります。社会人として仕事をしていると、順調なときもあれば、落ちこんだり、悩んだりすることもあります。どんなときにも、すぐに相談にのってくれる友人たちは、かけがえのない存在ですね。

Q これからどんな仕事をしていきたいですか？

ドローンでの観測の精度を上げて、防災の分野で役立たせたいと思っています。そのためには、常識にとらわれず、新しいアイデアを出し、視野を広げてチャレンジすることが必要です。例えば、日本だけでなく、まだドローンでの気象調査が始まっていない世界の国々でドローンを飛ばし、調査、観測していきたいと考えています。ドローンという新たな技術と防災を組み合わせて、世界中の人の安全で安心な暮らしを支えることが、ぼくの目標です。

また、これからドローンが活躍する場は増えていくだろうと言われています。ドローンを飛ばすには気象条件が重要なので、ドローン向けの天気予報をつくろうという計画もあるんですよ。

• ドローン •

PICKUP ITEM

調査用のドローンは、一般に売られているものよりも大きく安定性に優れているが、慣れていないと操縦は難しい。ドローンを操縦するコントローラーは、両手で持ち、左右のレバーを親指で上下左右に動かして操作する。

• コントローラー •

ドローンパイロットになるには……

ドローンを操縦するための、免許はありません。ドローンを使って何を行うか考えて進路を決めることが大切です。気象調査をする場合には、大学で気象について学んでおくとよいでしょう。その後、気象会社に就職し、ドローンでの調査部門に配属されると、ドローンでの気象調査ができます。写真撮影などを目的とする場合には、撮影技術を学べる大学や専門学校に進みましょう。

高校
↓
大学・専門学校
↓
気象会社の気象・環境部門に就職
↓
ドローンパイロット

Q この仕事をするには どんな力が必要ですか？

ドローンを操縦するにあたって、公的な資格や免許などはありません。けれども、ドローンを趣味でなく、仕事で使用する場合は、離陸、着陸、旋回などの正確な操縦技術が求められるので、今のうちにラジコンなどの操作に慣れておくのはおすすめです。

また、ドローンの観測は、夏でも冬でも屋外で実施するので、日ごろから体調管理を心がけ、基礎体力をつけておくことも大切です。ぼくは小学生時代から走ることが得意で、今でもフルマラソンに出場するほど、体力に自信があります。

ほかには、気象に興味がある人や、観測するのが好きな人にも向いていると思います。

小林さんの夢ルート

小学校 ▶ ピカチュウ

低学年のころは、ポケットモンスターが好きでピカチュウになりたかった。

▼

中学校 ▶ スポーツ新聞の記者

野球を観るのが好きでスポーツ新聞の記者になりたかった。

▼

高校 ▶ スポーツ医学の道 →気象の仕事

野球を観るのが好きだったため、一度はスポーツ医学を目指したものの、学力が足りず断念。その後「地球学」という学問にロマンを感じて気象を学ぶことを志す。

▼

大学 ▶ 気象関係の仕事

気象の世界で働きたいと思い、気象予報士の資格を取得。ドローンの操縦も経験した。

Q 中学生のとき、 どんな子どもでしたか？

ぼくは北海道札幌市の出身です。小さいころから札幌ドームを本拠地とするプロ野球球団「北海道日本ハムファイターズ」の大ファンで、よく試合の応援に行っていました。後にMLBで活躍するダルビッシュ有選手が、まだファイターズで活躍していた時代です。ダルビッシュ選手をはじめ、当時のファイターズの選手たちにもらったサイン色紙は、ぼくの宝物になっています。中学時代の夢は、「スポーツ新聞の記者になって、あこがれのプロ野球選手にインタビューすること」でした。

ぼくにとって野球は「観戦するもの」だったので、実際に入った部活は陸上部です。小学生のときに学校のマラソン大会で1位になったことがあり、自信満々で入部しました。中距離を専門に練習を重ね、1年のときは好成績だったのですが、2年以降は思うような結果が出ずに苦しみました。当時、がむしゃらに練習して筋肉をつけすぎたのが原因だと思います。中距離専門なら、中距離を走るのに合った筋肉をつけなければいけなかったんです。「努力は裏切らない」と言いますが、目的をもたず、やみくもに努力しても意味がないことを思い知り、後悔しました。

学習面では、数学が得意で、国語は苦手でしたね。学校帰りに塾に通い、毎日1～2時間くらい勉強していました。家では集中できないタイプだったので、塾をはじめ外で勉強することが多かったと思います

走るのが得意で、もっと速く走りたいという気持ちから、毎日練習していた小林さん。

修学旅行のときの写真（左）。「このころは、いつもジャージ姿でした」

Q 中学のときの職場体験は、どこに行きましたか？

「職場体験」というプログラムに取り組んだ記憶はありませんが、日ごろから将来のキャリアについて考える機会がありました。両親をはじめ、中学や高校の先生から「将来を人にゆだねるのでなく、自ら切りひらきなさい」「自分自身で『これだ！』という道を探し、構築していくことが大切だ」と言われたことを覚えています。

Q 中学時代、将来をどのように思い描きましたか？

公務員として働いていた父は、家にいるとき、仕事に対する愚痴や不平不満を一切言ったことがないんです。そんな父の姿を見て、「すごいな」と感じると同時に、「毎日が楽しくて充実しているから、仕事に不満がないんだろうな。自分もそんな仕事がしたいな」と漠然と考えていました。当時の自分にとって、毎日ワクワクできる仕事として思いうかぶのは、スポーツ紙の記者になって世の中の人がおどろくような記事を書いたり、これまでにない取材をしたりする姿でしたね。現在の自分は、記者とはまったく別の職業についていますが、「毎日ワクワクできるような、人とはちがう仕事がしたい」というベースは同じだと思います。

Q この仕事を目指すなら、今、何をすればいいですか？

屋外で1日中調査を続けられるように、体力づくりをしておきましょう。ぼく自身も陸上を続けていたことが、おおいに役立っています。また、この仕事はドローンの操縦だけでなく、調査内容をチームで話し合ったり、学会で発表したりと、自分の言葉で説明する機会もたくさんあります。ぼくは中学時代に文化委員長をまかされ、最初のうちは人前で話すのも、手足が震えるほど緊張しましたが、こうした経験を重ね、大学生になってから「だれかに自分の思いを伝えることは楽しい」と思うようになりました。ぜひみなさんも、人前で話す機会があれば、どんどんチャレンジしてください。

ドローンという新しい技術が世界の人たちの安全な暮らしをつくるんです

－ 今できること －

ふだんの暮らし

ドローンは空や火山の観測ができるだけではなく、災害の被災地を空から調べることができ、これから防災のさまざまな分野での活用が期待されています。新聞や、ニュースでも取り上げられることが多いので注目してみましょう。

また、高額でないドローンもたくさん販売されています。ドローンの操縦を競う大会では中学生も活躍しています。将来ドローンパイロットになりたい人は実際に操縦してみるとよいでしょう。

社会

ドローンを使ってくわしい気象の調査をするためには、日本の地形や気候の特色を学び、それによって過去どのような自然災害が起きているのか、どういう対策を人々がしてきたかも調べてみましょう。

理科

中学で学ぶ気象観測に積極的に取り組みましょう。なかでも気圧や、天気図についてはきちんと学んでおきましょう。火山活動、地震について学んでおけば、その後の高校、大学で地球学に進んだときに役に立ちます。

体育

ドローンを使っての調査は外で行われるため、集中力と、それを支える体力が必要です。今のうちから運動する習慣を身につけ、基礎体力を養いましょう。

災害救助犬訓練士

Search and Rescue Dog Trainer

ジャパンケネルクラブ
伊藤愛里さん
入社11年目 29歳

立派な災害救助犬を
育て、いっしょに
人の命を助けたい!

災害に巻きこまれた人を探すとき、たおれた建物や土砂がじゃまをして、人間の目では見つけられないことがあります。そんなとき助けてくれるのが災害救助犬です。災害救助犬訓練士として犬の訓練を行う、伊藤愛里さんにお話をうかがいました。

Q 災害救助犬訓練士とはどんな仕事ですか？

災害でたおれてしまった建物や土砂くずれなどに、巻きこまれてしまった人を発見し、救助する災害救助犬を育成するのが、災害救助犬訓練士の仕事です。私はJKC（ジャパンケネルクラブ※）公認訓練士という資格をもっています。

災害救助犬の訓練は、自治体や警察などから依頼を受けて行われます。犬種は、体が大きく、命令をよく聞くシェパードやレトリバーなどが多く選ばれます。

訓練は、まず素直に命令を聞くことができるか、好奇心が強すぎてまわりに気をとられないかなど、災害救助犬の適正をトレーニングをしてみて、確認します。適正があると判断された犬は、次にかくれた訓練士を、においを頼りに探し出し、見つけたらほえる、という訓練を行います。無事にできたら、ごほうびのおやつをあげます。今度は訓練施設のがれきのなかにかくした、においのついたものを探し出し、見つけたらほえるという訓練を行います。このような訓練を重ね、すべてできるようになったら合格です。

私は個人の災害救助犬訓練士として働いています。ただ犬を訓練するには、設備の整った広い場所が必要なので、「杉浦愛犬・警察犬訓練所」の施設を借りて、訓練を行っています。

伊藤さんのある1日

05:00 訓練所に寝泊まりしている犬の体調を確認し、トイレに連れていく
▼
06:00 訓練所に来る犬の出迎え
▼
07:00 午前の訓練開始
▼
11:00 犬にエサをあげ、トイレに連れていく
▼
13:00 ランチ
▼
14:00 午後の訓練開始
▼
18:00 犬にエサをあげ、体調を確認する
▼
19:00 お客さんへ犬の引き渡し
▼
19:30 訓練所に泊まる犬の体調確認、帰宅

災害救助犬のもっとも大切な役目のひとつが、被災者を発見すること。被災者役の伊藤さんのにおいを犬に覚えさせ、訓練開始。

犬が見ていないうちに、箱のなかに入ってかくれる伊藤さん。

においのもとを探す犬。

「見つけた！」とほえる。

犬をほめる伊藤さん。難しい訓練も、楽しい遊びとして覚えさせるのが上達させるコツ。

用語　※ ジャパンケネルクラブ ⇒ 日本国内で、犬種の認定や血統書の発行、災害救助犬の認定、各種訓練士の資格試験実施などを行う国際的な愛犬団体。JKCと略されることが多い。

Q どんなところが やりがいなのですか？

　最初は言うことを聞かなかった犬が、訓練で、成功したらほめられる体験を通じて、少しずつ私のことを信頼してくれるようになり、最後には言うことを聞いてくれるようになったとき、すごくうれしくて、やりがいを感じます。家庭で飼われている犬は、場所や人が変わると警戒心をもってしまい、訓練するのが難しいことが多いのです。そんな犬が、だんだん心を開いてくれて、表情やしっぽのふり方などが変わってくるのを見ると、とてもうれしいです。

　また、仕事を通してさまざまな犬種とふれ合うことができるのも、この仕事ならではの喜びです。

Q 仕事をする上で、大事に していることは何ですか？

　ひとつは、犬といっしょに訓練を楽しむことです。犬との信頼関係がないと、どんな訓練もできないので、まずは犬といっしょに遊んで、仲良くなります。

　もうひとつは、根気強く犬と向き合うことです。例えば、私に興味がない犬には、「いつ、おやつをもらえるんだろう」とか、「おもちゃが出てくるかもしれない」と期待させて、こちらのようすをうかがうように仕向けます。そして、私の顔をちゃんと見ることができたら、ごほうびをあげ、次のステップに進みます。ひとつのことを覚えさせるのに時間はかかりますが、犬を信じて続けることが大切です。

Q なぜこの仕事を 目指したのですか？

　幼いころから犬が大好きだったのですが、住んでいた団地がペット禁止だったので飼うことができませんでした。犬を飼っている友だちのことが、うらやましくてたまりませんでしたね。

　この仕事を目指したのは、そんな大好きな犬といっしょに、人の役に立つ仕事ができるからです。中学生になるころにはすでに、将来は犬と働きたいと思うようになっていました。また、私は体を動かすのが好きだったので、犬といっしょに体を動かせるこの仕事が、自分に合うと思ったんです。

Q 今までに どんな仕事をしましたか？

　高校を卒業してすぐに、杉浦愛犬・警察犬訓練所に入りました。初めは犬の世話や、毛の手入れを覚えながら、先輩がやっている訓練を見ていました。その後、すでに訓練された犬で、訓練の方法を学びました。

　実際に訓練をしてみると、新人である私が指示を出しても、犬はつまらなそうな反応しかしてくれず、楽しいはずのボールとりでさえうまくいかないんです。見かねた先輩がアドバイスをくれるのですが、なかなかうまくできませんでした。しかし、根気強く指示を出していると、犬の反応が少しずつ変わっていくのがわかり、とてもうれしかったのを覚えています。

　また、災害救助犬を目指す柴犬の訓練を担当したときのことも忘れられません。被災地では、サイレンの音や救助活動を行うヘリコプターの音、突然、ものが落ちる音など、いろいろな音がします。災害救助犬はどんな音にもおどろいたり、こわがったりしてはいけないのですが、その柴犬は大きな音が大の苦手でした。もともと柴犬は警戒心が強く、訓練には時間のかかる犬種なのですが、その子にはとくに時間をかけて訓練し、多くの人の協力を得ながら、ようやく合格させてやることができました。その柴犬からは、夢をあきらめずにがんばる大切さや仲間の大切さなど、多くのことを学びました。

「犬があきないように、訓練の内容を少しずつ変えるのも、災害救助犬訓練士の腕の見せどころです」

訓練がうまく進まないときは、訓練士仲間に相談することもある。

Q 仕事をする上で、難しいと感じる部分はどこですか？

犬にもさまざまな個性があり、性格もちがうので、訓練が思うように進まない子もいるんです。犬ごとに最適な方法を探しながら訓練を進めるのですが、ときには警戒心が強くてさわらせてさえくれない子もいて、難しいなと感じます。でも、時間をかけて信頼関係を築き、そういう犬が心を開いてくれたときの喜びは大きいです。

Q ふだんの生活で気をつけていることはありますか？

訓練する犬は、飼い主が毎日連れてくることもありますが、多くは一定期間、訓練施設や訓練士の家で預かって、24時間体制で世話をしています。

私の場合も、自宅で犬を預かり、朝になると訓練場所に連れて行って訓練することが多いので、ふだんの生活から、訓練犬といっしょにいます。飼い主から預かった大切な犬なので、片時も目がはなせませんし、犬の体調管理も欠かせません。調子が悪くないか注意深く観察し、疲れているようならその日は休ませてやり、次の日から訓練するようにしています。犬は言葉で伝えられないので、犬が出すちょっとしたサインにも、こちらが気づいてあげなければいけません。ちなみに、日本犬は、人間のように夏になると食欲が減ったりするんですよ。

また、訓練以外のときでも、犬が私の目を見て指示に従うことができたら、しっかりほめてあげるようにしています。

Q これからどんな仕事をしていきたいですか？

災害救助犬訓練士という仕事は、日本よりもアメリカやヨーロッパの方が歴史が長く、訓練方法も進んでいるので、一度海外に留学して勉強し、その知識を活かして、訓練士としてレベルアップしたいとも思っています。

また将来は、さまざまな訓練の知識を身につけて、災害救助犬以外にも、空港で麻薬を探し出して密輸入を防ぐ麻薬探知犬や、イベント会場や空港などで爆発物を探す、爆発物探知犬を訓練してみたいと思っています。

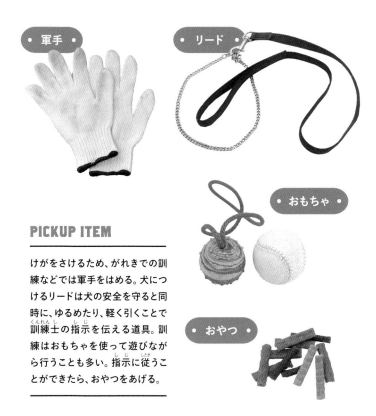

・軍手・　・リード・　・おもちゃ・　・おやつ・

PICKUP ITEM

けがをさけるため、がれきでの訓練などでは軍手をはめる。犬につけるリードは犬の安全を守ると同時に、ゆるめたり、軽く引くことで訓練士の指示を伝える道具。訓練はおもちゃを使って遊びながら行うことも多い。指示に従うことができたら、おやつをあげる。

災害救助犬訓練士になるには……

「災害救助犬訓練士」という資格はありません。ジャパンケネルクラブなどが行っている試験に合格し、犬の訓練の総合的な資格である「公認訓練士」の資格を取得しましょう。資格がなくても、災害救助犬の育成団体に所属して技術を学び、訓練士として働くこともできますが、資格をもっていると実力の証明になり、自治体や警察などの機関から仕事の依頼が増えます。

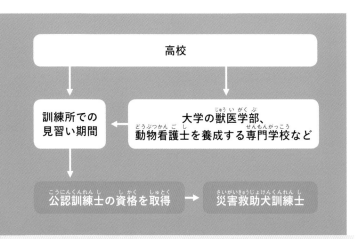

高校
→ 訓練所での見習い期間
→ 大学の獣医学部、動物看護士を養成する専門学校など
公認訓練士の資格を取得 → 災害救助犬訓練士

Q この仕事をするには どんな力が必要ですか？

体力、忍耐力が必要です。

まず体力は、訓練のときに犬といっしょに体を動かさないといけないので何よりも欠かせません。そして、根気強さは、犬と根気よく向き合い、地道な努力を続けるために必要な力です。すんなり言うことを聞いてくれる犬ばかりではないので、投げ出したくなることや、この仕事に向いてないのではと思うこともあります。しかし、どんな困難にぶつかっても耐え、根気よく訓練をがんばった先に喜びが待っているのがこの仕事なんです。

犬の体調管理は、訓練士としてもっとも大切な任務のひとつ。食欲や排便の状態にはつねに気をつかう。

伊藤さんの夢ルート

● 小学校 ▶ 動物に関わる仕事

犬に限らず動物が好きだった。

▼

● 中学校 ▶ 犬に関わる仕事

呼ぶと来てくれる犬がかわいかった。

▼

● 高校 ▶ 犬の訓練士

犬といっしょに働いて、
人の役に立つ仕事をしたいと思った。

Q 中学生のとき、 どんな子どもでしたか？

中学生のときは、とにかく部活ざんまいでした。硬式テニスをやっていたんですが、夏休みが2、3日と正月休みがあるくらいで、あとはほぼ部活でした。顧問の先生もとにかく厳しくて、今ではあまりないかもしれませんが、ホームルームや委員会の仕事で部活の時間におくれても、遅刻となり、校庭を走らされたりしていましたね。こういう生活をしていたので、当時は真っ黒に日焼けしていました。

勉強は、部活で休みがないということを口実にして、あまりしていませんでした。まったく机に向かわない日もあったくらいです。それでも、将来は犬に関わる仕事に就きたいという気持ちが強かったので、「犬がいる高校」への進学を目指すことだけは決めていました。

犬がいる高校というのは、農業の高校で動物学科のコースがある学校のことです。動物に囲まれながら生活する特殊な高校で、犬やブタ、牛などの出産に立ち会うこともありました。朝は動物の世話をしてから授業を受けるという生活でしたが、体を動かすことが好きな私には合っていました。

体を動かすことが得意だった伊藤さんは、中学時代、運動会が楽しみな行事のひとつだった。写真は何人かで棒を持って走る「台風の目」

部活で使っていたテニスのラケット。顧問の先生の厳しい指導も、今はよい思い出になっている。

犬好きの愛里～!!
将来 ドッグトレーナー目指して
突き進め!

卒業アルバムの寄せ書き。伊藤さんの犬好きは、有名だった。

Q 中学のときの職場体験は、どこに行きましたか？

中学2年生のときに、2日間ほど乗馬クラブへ行きました。馬にブラシをかける仕事や、「ボロとり」と呼ばれる馬糞をかたづける仕事など、馬のお世話をさせてもらいました。ほかにもクラブの人たちが私たちを楽しませようと、乗馬も体験させてくれました。

Q 職場体験ではどんな印象をもちましたか？

馬のような大きな生き物の世話は大変そうというのが、最初の印象でした。また、馬がいる場所へ行くときは、馬が病気にならないように、長靴をはいて、消毒液の入った水に足をつけてから馬舎に入るなど、衛生管理が徹底されていたことにおどろきました。

世話をしている職員の人たちが馬に指示を出し、馬も素直に従っているのを見て、言葉の話せない生き物をあつかうには、動きや表情をよく見て理解してあげなければならないんだと感じました。自分にこんな繊細な仕事ができるんだろうかと、少し不安になったのを覚えています。重労働で大変でしたが、馬の世話は楽しかったので、犬の世話をして働く自分の姿を想像し、期待に胸がふくらみました。

Q この仕事を目指すなら今、何をすればいいですか？

体力づくりが必要だと思います。私の場合は、中学3年間で経験した部活動が役に立っているので、体育会系の部活に入っておくのはおすすめです。

また、英語もやっておくとよいと思います。訓練施設によっては、犬を英語で訓練することもありますし、訓練技術の進んだアメリカやヨーロッパに留学して、さらに高度な技術を学べば、海外でも人助けのために働くことができる仕事だからです。

いろいろなものにふれて自分のなりたいものを見つけ、あきらめずに叶えてほしいです。

私の育てた災害救助犬たちが被災地で働いています。だから、私もがんばろうとかがわくんです。

− 今できること −

ふだんの暮らし

犬を訓練するには、信頼関係が何より重要です。信頼関係というのは、犬に限らず、相手の気持ちをおもんぱかる姿勢がなければ築くことはできません。ふだんから思いやりの心を忘れず、ひとつひとつのふるまいに対して相手がどう思うかを考えましょう。

もちろん、飼育係などで生き物を世話する機会があれば、積極的に関わりましょう。生き物とふれあい、命を大切にする心を養うことは、災害救助犬訓練士を目指す上で欠かせないでしょう。

国語 訓練を成功させるためには、犬と心を通わせることが大切です。国語の教科書で取り上げられた物語を読み、登場人物の気持ちを理解する力を養いましょう。

社会 近年の大きな自然災害が人々にどんな影響をあたえ、どんな対策がとられてきたかを学びましょう。

体育 訓練では、犬だけではなく訓練士もいっしょに動いて教えます。持久力と瞬発力の両方をきたえ、基礎体力と、くじけない精神力を身につけましょう。

英語 災害救助犬に関する指導書は、アメリカやヨーロッパで出版されたものがたくさんあります。英語で書かれたものも、読解力をつけておけば、読むことができます。

構造設計者

Structural Engineer

森ビル
長路秀鷹さん
入社5年目 29歳

地震が起きても
安心な建物を構造面で
考えて設計しています

地震の多い日本では、たおれない建物をつくることが重要です。構造設計者は、安全な建物にするために構造に問題がないか確認する仕事です。都市型の街づくりを行う森ビルで、構造設計を担当する、長路秀鷹さんにお話をうかがいました。

Q 構造設計者とはどんな仕事ですか？

初めに、ぼくの働いている「森ビル」という会社の説明をすると、森ビルは、街をつくり、育む会社です。人が住むところ、買い物をするところ、遊ぶところ、働くところを総合的に考えて街づくりをし、育てていくのが仕事です。

そのなかでぼくが担当しているのは、街に必要な建物の構造を安全面から考える、構造設計という仕事です。構造設計とは、地震や台風が来てもたおれない、しっかりとした建物の構造を考えることです。骨組みとなる柱や梁にはどのような材質のものを使えばよいかや、ゆれをおさえるためにはどのような技術が必要かも考えます。ほかにもマンションの場合は、風でゆれにくい構造を考えるなど、住みやすさについても構造的な面から考えています。

それらをまとめて、設計事務所に協力してもらいながら設計を進めます。設計事務所がつくった設計図を確認して、何度もやりとりしながら災害に強い建物を目指していきます。

森ビルが目指す建物は、災害が起きたときに逃げこめるような建物です。安全を保証するだけでなく、不安を感じずに過ごせる場所であることが大切なので、できる限りゆれをおさえて、利用者に恐怖を感じさせないような技術の開発にも取り組んでいます。

また最近の日本では地震だけでなく、大型台風の直撃なども増えてきました。台風は、建物が水びたしになる浸水や、強風による建物のゆれなど、さまざまな被害をもたらします。森ビルの多くの建物はすでに災害への対策をほどこした構造になっていますが、より安全な建物になるように技術開発を続けることが、ぼくに求められている仕事だと思っています。

東京の六本木ヒルズに2003年に設置された、大きなクモのアート作品《ママン》。安全に問題がないか定期的に確認するのも、長路さんの仕事。

Q どんなところがやりがいなのですか？

街づくりは、街ができた後に、街が育っていくところにおもしろさがあります。新しいお店ができたり、住民どうしのサークルができたりと、変化していく街を見ながら仕事ができるのは、やりがいになっています。

また、街の人が笑顔でいるのを見るのも、うれしいですね。この笑顔を守るために、これからも安全な建物をつくっていこうと、次の仕事に向き合うための活力にもなります。

建物の構造について、最新の技術を知るために、長路さんは、日々の研究を続けている。

長路さんのある1日

08:30	出社
08:40	メールの確認と事務作業
10:00	工事現場に行き、打ち合わせ 設計事務所と建設会社の担当者全員で、細かい確認を行う
12:00	ランチ
13:00	会社にもどり、資料作成。次につくる建物のイメージや構造をまとめる
15:00	作成した資料をもとに、設計事務所と打ち合わせ
16:30	メールの確認と事務作業
17:30	退社

Q 仕事をする上で、大事にしていることは何ですか？

人に何かを伝えるときは、相手が理解できるように話すことを大事にしています。例えば構造設計の知識がない人との打ち合わせで、専門的な言葉を並べて説明しても、だれも理解できません。それでは、安全についてきちんと伝わらず、後になって問題が起きてしまうかもしれません。構造設計は、建物の安全に関わる部分だからこそ、だれにでもわかる言葉で、ていねいに伝えることが必要です。

打ち合わせでは相手が理解しやすいように、スクリーンに資料を映し出すこともある。

Q なぜこの仕事を目指したのですか？

父が土木関連の仕事をしていたこともあり、幼いころからものづくりに興味をもち、大工の仕事にあこがれました。そのため、中学2年生くらいまで、早く大工さんに弟子入りをしたいと思っていました。しかし両親や担任の先生から、「大学は卒業した方がいい」とアドバイスを受けたので、建築について学べる、高専への進学を決めました。

高専では、建築デザインや建築による地球の活性化について勉強したのですが、ぼくが好きだった「東京カテドラル聖マリア大聖堂※」のような建築物は、構造設計をきちんと学ばなければつくれないことがわかりました。それで構造設計に興味をもち、大学では構造設計を学びました。

卒業後は、設計事務所の構造設計者として働きたいと考えていたのですが、なかなかよいところが見つけられず、悩んでいました。そんなとき大学の先生から、まちづくり全体の仕事をする会社でも構造設計の知識を活かせることを教えてもらい、森ビルを選びました。

Q 今までにどんな仕事をしましたか？

入社1年目に、今の構造設計部に配属となりました。配属された翌週から、建設中の現場で行われる会議に参加したのですが、わからないことばかりで戸惑ったのを覚えています。

印象に残っている仕事は、2016年の熊本地震の報告書づくりです。地震のゆれがどのようなものだったか、建物への影響はどうだったかなどをまとめました。報告書は、社長に説明するための資料だったのですが、初めにつくったものを部長に見せたとき、「専門用語が多くて、理解してもらえないよ」と指摘を受けました。わかりやすい言葉に書きかえ、どうしたら伝わりやすいかを考えて、何度もつくり直したことは、よい経験になりました。

また、これは今もやっている仕事ですが、小学生向けの「ヒルズ街育プロジェクト」というイベントで、講師をしています。子どもといっしょに模型をつくり、実際に建物のゆれ方のちがいを体験してもらいながら、安全な街づくりを学んでもらう仕事です。子どもにもわかるように、話し方を工夫して、わかりやすく伝えるということでは、よい練習にもなっています。

・ファイルと本・

・サブバッグ・

PICKUP ITEM

次につくる建物の構造についての資料や設計図をまとめたファイルと本。これをもとに、設計事務所の人や、建設会社の人と建物のできあがりを話し合う。サブバッグには、仕事に必要なものを入れて、いつも持ち歩いている。

用 語 ※ 東京カテドラル聖マリア大聖堂 ⇒ 東京都文京区にあるカトリック教会の聖堂。1889年につくられた木造の建物は、太平洋戦争で焼け落ちた。現在の建物は建築家の丹下健三によって設計され、1964年に完成した。

Q 仕事をする上で、難しいと感じる部分はどこですか？

会社にはさまざまな部署があり、部署によって建物に対して求めることがちがいます。そうしたバラバラの意見をまとめて、かたちにしていくのが難しいです。

例えば、マンションを設計するとき、管理部は防犯設備が整った管理しやすいマンションを求めますし、営業部は、スポーツジムやお店が入った人気が出そうなマンションを求めます。

このように、それぞれの部署から出された意見のなかから、何を採用するのか、まとめるのが難しいのです。ただし、意見のなかには、技術的に困難だったり、安全が保証できなかったりするものもあります。そんなときは、できないことをはっきり伝えるなど、自分の意見を曲げてはいけないと思っています。

会社の仲間と話しながら、会議室に向かう長路さん。誠実な人柄もあり、みんなからしたわれている。

Q ふだんの生活で気をつけていることはありますか？

ふだんから、いろいろなことを自分で体験してみることを心がけています。実際に見ていないことや、体験していないことを、人から聞いた情報だけで語るのはよくないと思うからです。

ときどき美術館や博物館などに行って、アート作品にふれることも大切です。建築物は、マンションや会社のビルとして、日常的に使うだけでなく、非日常を体験できる場所でもあるからです。美術品などを見て感性をみがいておくと、仕事にも活かせます。

Q これからどんな仕事をしていきたいですか？

海外での事業に関わってみたいです。地震に強い建物をつくる技術は日本が進んでいますが、建築技術全体でいえば、現在はアメリカや中国が先を行っていると思います。また、国によって建物をつくるときの考え方や生活スタイルにちがいがあると思います。海外の事業に関わることで、そうしたものを学べるのは魅力です。

ほかには、森ビルが所有する古い建物を活かして、新しい建物と連携させた街づくりなども考えて計画したいです。Aという建物と、Bという建物の間に、新しくCという建物をつくり、その地域一帯を新しい街として生まれ変わらせるような事業です。古い建物のよさと、新しい建物のよさが同時に存在する、魅力的な街をつくりたいですね。

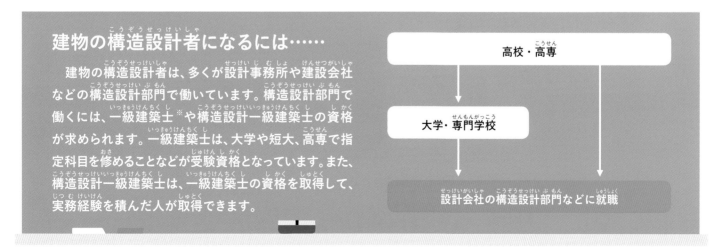

建物の構造設計者になるには……

建物の構造設計者は、多くが設計事務所や建設会社などの構造設計部門で働いています。構造設計部門で働くには、一級建築士※や構造設計一級建築士の資格が求められます。一級建築士は、大学や短大、高専で指定科目を修めることなどが受験資格となっています。また、構造設計一級建築士は、一級建築士の資格を取得して、実務経験を積んだ人が取得できます。

```
高校・高専
   │
   ↓
大学・専門学校
   │          │
   ↓          ↓
設計会社の構造設計部門などに就職
```

用語　※ 一級建築士 ⇒ 建築物の設計や工事現場の監督・管理を行う技術者で国家資格。二級建築士は、あつかうことができる建物の規模と構造に制限がある。

Q この仕事をするには どんな力が必要ですか？

人の意見に耳をかたむける力と、まじめさ、そして人なつっこさでしょうか。ひとつの建物ができあがるまでにはさまざまな人が関わります。ひとりひとりの意見をよく聞いて理解し、誠実に応える努力を続けなければいけません。

そのためには、だれとでもはずかしがらずに話をして、相手とどんどんよい関係をつくっていくことが大切です。ときには、意見が対立することもあります。そんなときも「あなたが言うのなら、仕方がないな」と思ってもらえる関係性がつくれていればうまくいきます。

また、最近は、日本に滞在する外国人の体格や習慣に合わせた建物をつくることも増えてきているので、日本人とはちがう文化をもつ人々でも使いやすい建物とはどんなものか、広い視野で考えられる力も必要だと思います。

「構造設計というと、技術的な部分が重要な仕事という印象があるかもしれません。実際は、人とよくコミュニケーションをとることが大切な仕事です」と長路さん。

長路さんの夢ルート

小学校 ▶ 大工

父親が土木関係の仕事で、
ものづくりをする職業にあこがれた。

▼

中学校 ▶ 建築家

建物をつくる仕事に
建築家という仕事があるのを知った。

▼

高専 ▶ 建築家

芸術性の高い建築物を見て、
美しい建築物をつくる建築家にあこがれた。

▼

大学 ▶ 構造設計者

どんな建築物にも欠かせない
構造設計に興味をもった。

Q 中学生のとき、 どんな子どもでしたか？

中学生のときは、授業を聞いてはいましたが、家での勉強はあまりしませんでした。そのためテスト前になると、わからないところを友だちに聞いて、なんとかのりきるのが定番でした。

中学生時代の思い出で印象に残っているのは、体育祭で応援団長をやったことです。とくにリーダータイプというわけではなかったのですが、クラスでだれもやりたがらなかったので、「みんなやらないなら、ぼくがやるよ！」という感じで引き受けました。今でもよい思い出となっているので、やってよかったなと思っています。

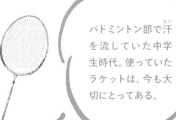

バドミントン部で汗を流していた中学生時代。使っていたラケットは、今も大切にとってある。

修学旅行先は京都。金閣寺など歴史ある建物の数々を興味をもって見てまわった。

Q 中学のときの職場体験は、どこに行きましたか？

地元の商店街にある和菓子店に行きました。候補のなかからいくつか希望を出したうちのひとつでした。希望者が多かったので、くじびきで選ばれました。行ったのは2～3日で、商品の包装や接客などを体験しました。

Q 職場体験ではどんな印象をもちましたか？

お客さんが買ってくれた商品は、紙に包んで渡すのですが、自分が包んだものと、お店の人が包んだものとでは、仕上がりがまるでちがうことにおどろきました。お店の人の包装は、とってもきれいなんです。なぜなんだろうと、お店の人が包んでいるところを注意して見ていると、お店の人は、包む途中で、爪でピッと印をつけていたんです。どうやら次の動作で必要な印らしいのですが、ぼくたちには最後まで理解できず、まねできませんでした。

一見、何てことのない動作が、仕上がりに大きく影響していることがわかりました。積み重ねてきた経験が、仕上がりの差となって出てくるのだと実感し、プロはすごいなと思いましたね。お店の人たちは、仕事への責任と誇りをもって働いているように見え、かっこよく感じました。

Q この仕事を目指すなら、今、何をすればいいですか？

建物をつくり、街をつくるには、そこで暮らす人、そこで仕事をする人、そこで遊ぶ人など、利用するたくさんの人の気持ちを考えてつくらなければなりません。そのため、中学生のうちから、いろいろな人と話し、さまざまな考え方にふれておくとよいと思います。

また、日本は地震や台風の多い国です。そのため、建物にも防災対策は欠かせません。ぼくは、何か災害があったときはその地域のニュースを確認して、どんな被害があったのか調べるようにしています。このように、災害対策について関心をもっておくことが、将来、役に立つと思います。

どんな美しい建築物もその基礎となる構造設計があってこそ。ぼくはそこにこだわりたい

－ 今できること －

ふだんの暮らし

構造設計は、建物の安全に関わる仕事なので、ほんの小さなミスも許されません。そのため、何か作業をするときは、ひとつひとつていねいに確認する習慣をつけましょう。集合時間をまちがって覚えていないか、忘れ物はないか、とくに数学の勉強では計算ミスがないかチェックすることは重要です。

また、ふだん通る道にある建物に注目してみるのもよいでしょう。工事中の建物があったら、工事期間を調べたり、どんな建物ができるか調べたりしてみましょう。

社会
社会の授業でも取り上げる政治、経済、防災などさまざまなことを学ぶことで、社会でどんな建物が求められているかを考えることができます。

理科
建物の材料となる基本的な物質の性質を学びましょう。また、運動とエネルギーや圧力の分野を中心に学び、力の働きについての基礎を身につけましょう。

技術
ものづくりに必要な材料の特徴と、それにあった加工法や利用法を学びましょう。また、作品に必要な機能と構造を考えて設計し、制作できるようになりましょう。

英語
海外の最新技術を知るために、英語の論文などを読むことがあります。語彙を増やし、読解力を高めましょう。

消防車開発者

Fire Rescue Truck Developer

モリタ
永井 守さん
入社4年目 27歳

小さいころあこがれた
かっこいい**消防車**。
今は自分が
つくっています

火災や台風、地震などさまざまな災害現場で活躍する消防車には、安全に人を助けるためにいろいろな機能がついています。消防車メーカーのモリタで、はしご車の開発を行っている、永井守さんにお話をうかがいました。

消防車は、消火や救助に必要なさまざまな装置や機能を備えた自動車です。

ぼくは、「はしご車」を開発しています。はしご車は、はしごをのばし、高いところに取り残された人を、窓やベランダから救助するために出動します。かたちや機能、動き方を考え、消火ホースや、救助用はしごなどを取りつける位置を決めるのが開発者の仕事です。

消防車の開発では、何よりも安全に使えることを大切にしています。例えば、高層ビルの最上階にいる人を、はしご車で助ける場合、ただ長いはしごをつくればよいわけではありません。はしごの先には、「バスケット」といって、助けた人をのせる、かごのような部分があります。はしごが長すぎると安定しなかったり、重みで消防車自体がひっくり返ったりすることも考えられます。そうしたことが起きないように、はしごの長さ、重さ、強さ、耐久性などを計算して設計しています。「長くのばしても安定するはしご」という難しい課題を、自分のアイデアで実現するのが、開発者としての腕の見せどころです。

ほかにも、はしご車を自分で操作して動き方のデータをとったり、安全性の認証をもらうための書類をつくったりもします。また、消防車の取扱説明書を書くのも開発者の仕事です。

自分のつくったものが、消防士の手足となって、人の命を救う最前線の場で使われている、人々の安全を守っているということに、技術者としてのやりがいを感じます。もちろん、消防車が使われるような事態は起こらないことがいちばんなので、出動回数は少ない方がよいです。でも、いざというときの頼れる存在になるようにつくっています。

また、お正月に、毎年行われる消防出初式※で、自分が担当したはしご車が、たくさんのお客さんの前でパフォーマンスをしているのを見たことがあります。あのときは、誇らしい気持ちになりました。

設計通りにはしごが動くか、自らのって確認。

お客さんとの打ち合わせでは、はしご車の模型を使って説明をする。

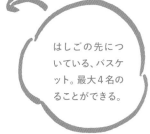

はしごの先についている、バスケット。最大4名のることができる。

永井さんのある1日

08:30	出社
09:00	図面を作成
11:00	つくったはしご車の性能を確認する認証試験の準備を行う
12:00	ランチ
13:00	はしご車の認証試験。放水テストなど、多数ある検査に立ち会う
15:00	検査データを報告書にまとめる
17:30	退社

用語 ※ 消防出初式 ⇒ 消防関係者によって行われる正月の防火・防災イベント。消火活動の実演や、複数台の消防車によるいっせい放水など、さまざまなパフォーマンスや展示が行われる。

設計には3DCADソフトを使用。はしごの強度を計算しながらかたちを決める。

Q 仕事をする上で、大事にしていることは何ですか?

消防車は、助けを待つ人と助ける消防士、両方の命を預かるものなので、何より安全を第一に考えています。また、使う人の立場に立って考えることを大切にしています。

例えば自分が5階のベランダで助けを待っていて、到着したはしご車に、自分でのり移らなければならないときに、バスケットとベランダの間にすき間があったら、こわいですよね。そこで、ベランダ内にタラップ(階段)を下ろすことができるバスケットの開発を行いました。

乗降用のタラップ(階段)が下ろせるバスケット。高い建物から人を救助するのは、とても危険。そのため、少しでも安全なはしごを目指し、開発が続く。

Q なぜこの仕事を目指したのですか?

子どものころから消防車が好きで、もともとは消防士になりたかったのですが、体力に自信がなく、中学生であきらめました。高校生になると、漠然とものをつくる仕事をしたいと思うようになり、機械が好きだったので、大学でロボットの研究をしました。消防車が好き、機械が好き、ものづくりがしたい、というすべての希望を叶えてくれるのが、この仕事でした。今は、仕事を通して、人の命を守ることができるというところに、誇りをもっています。

Q 今までにどんな仕事をしましたか?

入社1年目は、すでにできあがっている消防車の改良を行いながら、消防車のつくりを学びました。また、5年に1度開催される消防車の展示会で発表する、「コンセプトカー」の開発を手伝いました。

コンセプトカーとは、各企業が、将来どんな消防車をつくろうと考えているかを示すための試作車のことです。モリタでは、車いすの人が車いすにのったまま、バスケットに移れるというはしご車のコンセプトカーを発表しました。それまでのはしご車は、車いすにのったままバスケットにのると重すぎて不安定になってしまうので、車いすから降りてもらい、消防士さんにかかえられてバスケットに移るしかありませんでした。そんな状況を変えたいという思いをこめてつくられたのが、その年のモリタのコンセプトカーでした。

2年目は、そのコンセプトカーを実際の災害現場で使えるようにするための改良設計を始めました。今は、はしごを動かす駆動装置といわれる部分をおもに担当しています。

はしごの下に入り、部品の確認。人の命に関わるため、ミスは許されない。

永井さんのつくった設計図をもとに、実際に組み立てるスタッフと打ち合わせ。

Q 仕事をする上で、難しいと感じる部分はどこですか?

本当は、はしごが遠くまで届き、一度に多くの人をのせて救助できるはしご車が理想ですが、安全面を考えると、現状ではできません。安全性を第一に、限られた予算のなかでいかに理想に近いものをつくれるか考えるのは、難しいです。けれどその一方で、やりがいでもあります。

「はしご車は、まだまだ進化する可能性を秘めているんですよ」

Q ふだんの生活で気をつけていることはありますか?

火災や地震など災害のニュースは、いつもチェックするようにしています。また、新素材に関する情報もインターネットや新聞でチェックして、どんな特徴があるのか、消防車の素材に利用できそうかなどを、調べるようにしています。

ほかには、当たり前ですが、自宅で火事を起こさないように、出かける前や、寝る前には、必ず火もとの確認をしています。モリタでは消火器もつくっているんですが、ぼくは自分でもひとつ買って、家に置いています。

Q これからどんな仕事をしていきたいですか?

日本国内だけにとどまらず、世界中の人々にモリタを知ってもらえるようなはしご車をつくりたいです。そして、より多くの人の命を救う手助けをしたいです。

同時に、自分がそうであったように、消防車は子どものあこがれでもあるので、かっこいいと思ってもらえるような車両をつくりたいです。人の命を守るために働く車は、それだけでかっこいいものだと思いますが、さらに「消防車で、こんなこともできるのか」という機能を開発して、もっとかっこいいと思ってもらえるようにしたいです。

・ヘルメット・   ・手ぶくろ・

PICKUP ITEM

工場で作業を行うときは安全のため必ずヘルメットを着用。金属の材料をさわるときには、手を切らないように手ぶくろを装着。もののサイズをすぐに測れるよう、メジャーと定規は持ち歩いている。

・メジャーと定規・

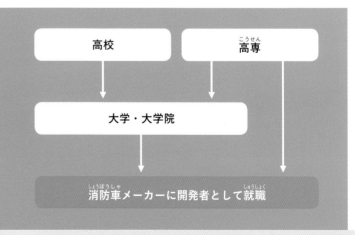

消防車の開発者になるには……

消防車は、人命に関わる場所で使われるものなので、開発者には高い技術力が求められます。そのため、大学や専門学校で、機械工学や電気工学、物理学などを学び、開発に必要な知識を身につけておかなければなりません。また、設計するときに使う3DCADソフトの使い方も勉強しておくと有利でしょう。消防車メーカーによっては、大学卒業以上の学歴が条件となる場合もあります。

高校 → 大学・大学院
高専 → 大学・大学院

大学・大学院 → 消防車メーカーに開発者として就職

高専 → 消防車メーカーに開発者として就職

**この仕事をするには
どんな力が必要ですか？**

　開発者という仕事は、新しい知識をつねに仕入れていかないといけません。そのため、自分の知らないことに積極的に興味をもち、自ら学ぶことのできる力が必要です。

　それから、発想力も必要ですね。ぼくは知識を増やすことは得意なのですが、まわりの人を「あっ」とおどろかせるような発想力がないので、もっと大胆に考えられる力がほしいです。

　しかし、新しい発想を思いつくためには、土台となる知識が必要です。情報をたくさん取り入れ、いろいろなことを試していく間に、新しい発想にたどりつくことができるのだと思います。だからぼくは今でも、毎日はば広く学んでいます。

永井さんの夢ルート

小学校 ▶ とくになし

赤いライトを点灯して走る緊急車両が
好きだったが、
仕事には結びつかなかった。

▼

中学校 ▶ 消防士、警察官

消防車や、パトカーにのって
市民を守る仕事にあこがれた。

▼

高校 ▶ ものをつくるエンジニア

得意な理系科目を活かせる、
ものをつくるエンジニアに興味をもった。

▼

大学 ▶ 乗り物をつくるエンジニア

消防車が並ぶ防災展を自ら見に行き、
災害救助ロボットや、消防車などを
つくるエンジニアになりたいと思った。

Q **中学生のとき、
どんな子どもでしたか？**

　部活で卓球部に入っていました。あまりうまくはなく、レギュラーでもありませんでしたが、球を追いかけるのが楽しくて、3年間やり通しました。もともとは、おとなしい性格だったんですが、卓球部で先輩や後輩ができたことで、いろいろな立場の人と話せるようになったと思います。

　また、いろいろ調べて計画を立てるのも好きでした。学校行事で班に分かれて東京都内を見学する班別行動や、京都・奈良に行く修学旅行では、班のリーダーをつとめました。自分で行きたいところを考え、調べて計画を立てるのは楽しかったです。ちなみに、ぼくの卒業した中学は、修学旅行の班行動発祥の学校だったんですよ。

　休みの日は、消防車が好きだったので、防災訓練を見に行ったり、消防署に見学に行ったりしていました。

防災訓練のイベントに行ったときの写真。あこがれの消防士の格好をして、大好きな消防車の前で緊張気味。「当時は、はずかしくて自分の趣味を人には言いませんでした」

Q **中学のときの職場体験は、
どこに行きましたか？**

　1年生のとき、日本テレビの森圭介アナウンサーが学校に来て、仕事について話をしてくれました。有名人が来たという記憶だけ残っています。

　2年生になると、「3DAYS」と呼ばれる3日間の職場体験がありました。行き先はおおまかに決まっていて、ぼくは消防署に行きたかったので、「公共の仕事」を希望しました。結局、願いは叶わず地元の公民館に行くことになりました。

Q 職場体験をしてみて どんな印象をもちましたか？

公民館では、料理やダンスなど、公民館で行われている文化教室のお手伝いをしたり、書類の整理をしたりしました。年齢のはなれた方ともたくさん話をして、いっしょに作業をしないといけない場面が多く、当時のぼくは、家族や先生以外の大人と話すのが苦手だったので、大変だと思ったのを覚えています。体験後は、ほかの職場に行った同級生と、どんな仕事をしたかなどを話し合う授業がありました。

消防署に行った友だちの話を聞いて、体力に自信のない自分には向かない仕事かもしれないと思ったのもよく覚えています。これがきっかけで、消防士になるよりも消防車をつくることに興味が向くようになりました。

Q この仕事を目指すなら、今、何をすればいいですか？

まずは勉強です。当時は、何の役に立つんだろうかと思っていたことも、今になって役に立っているなと感じることが多くあります。例えば、人に自分の考えを説明するとき、知識がたくさんあれば、相手の得意なことを例にあげて解説できるので、理解してもらいやすくなります。

部活もやっておくとよいですね。会社にはいろいろな年齢の人がいるので、先輩や後輩との関係を経験しておくのは、練習になると思います。

また、ぼくは幼いころから消防車が好きで、めぐりめぐってつくる側になることができました。好きなものをとことん突き詰めることも大事なことだと思います。

中学生の永井さんが書いた職場体験後のレポート。公民館で働く地方公務員になるための方法も調べた。

消防士とともに災害の最前線で戦う消防車を開発することに誇りを感じています

－ 今できること －

ふだんの暮らし

消防車は、消防士が消火活動をしたり、人を助けたりするときに出動する車です。そのため、消防士の活動について調べ、理解しておくことが大切です。地域で行われる防災イベントなどがあれば、積極的に参加し、消防士の仕事ぶりを目で見ておくとよいでしょう。

また、学校に置いてある消火器や、火災報知器の位置を確認し、使い方を学んでおくなど、防災意識をもつことも重要です。学校で行われる防災訓練では、消防車にどんな装備がついているか注目してみましょう。

国語
開発した消防車の取扱説明書をつくることもあるので、正しく、わかりやすい文章を書けるようにしましょう。

数学
設計には、細かい計算が必要となります。とくに、使用する素材の特徴を、グラフや表から読み解くためには、関数の勉強が必要です。

理科
消火器に使われている消火剤は、化学薬品でできています。物質の観察や実験を通して性質のちがいを知り、変化が起きる仕組みの基礎知識を学びましょう。

英語
日本の消防車は海外でも高く評価されており、外国からの注文も多数あります。英語の取扱説明書もあるため、語彙力や文法は欠かせません。

気象庁地震火山部職員

JMA Seismology and Volcanology Department Staff

気象庁
上野貴史さん
入庁4年目 25歳

地震災害の危険性を
伝えることができれば
被害はもっと
減らせます

大地震や津波が起きたとき、日本ではすぐに情報がニュースとして流れてきます。その情報は、だれがどのようにして調べて伝えているのでしょうか。気象庁で地震火山部職員として働いている、上野貴史さんにお話をうかがいました。

Q 地震火山部職員とは どんな仕事ですか?

気象庁は国の機関で、大気や地面などの状態を24時間観測し、天気予報を発表したり、地震や火山の情報を伝えたりしています。また、災害が起きたときは、新聞・テレビ・ラジオ・インターネットといった報道機関に、分析したデータなどのくわしい情報を伝えるほか、関係する役所と協力して、災害対応にあたります。

災害のなかでも、私は地震や津波の情報を伝え、災害の防止にあたる、「地震津波防災対策室」というところで働いています。ふだんの仕事内容は、親子向けの防災イベントを企画したりWEBサイトやパンフレットをつくったりして、多くの人に地震や、その情報について知ってもらうことです。

しかし、大きな地震が起きると、仕事内容は一変します。まず、気象庁から震度4以上を予想した地域へ、「緊急地震速報」で強いゆれを知らせます。その後、全国の地震や火山を24時間体制で見張っている「地震火山現業室」の担当職員がデータを分析し、約3分後に津波警報や注意報を発表します。そして地震が発生してから約5分後には、各地の震度を発表します。

その後、よりくわしい情報を発表するのですが、このときに必要な資料の作成をしたり、記者会見を行うための準備をしたりするのが、私の仕事です。資料をつくるときは、起きた地震に関するあらゆるデータを集め、図やグラフを使ってまとめるなど、正確さはもちろん、わかりやすさも考えてつくります。

防災イベントの準備をする上野さん。配る資料をつくるのも大事な仕事。

上野さんがつくった資料。気象庁が地震情報を発表する流れを、図を使って説明したもの。

Q どんなところが やりがいなのですか?

大きな地震がたびたび起こる日本では、緊急地震速報が出ると、テレビやスマートフォンなどに、自動的に速報が流れます。自分がつくった解説用の資料が発表されることもあり、この情報がだれかの役に立つかもしれないと思うと、やりがいを感じますし、大きな責任も感じます。

また、防災イベントなどを通じてさまざまな人と直接ふれ合う機会があるのも、この仕事の魅力です。地震や津波をわかりやすく解説したり、火山噴火の仕組みを実験で解説したりすることによって、参加者のみなさんの防災の意識が高まっていくのがわかると、達成感がありますね。

防災イベントに来た子どもたちに、地震について解説する上野さん。

上野さんのある1日

09:05	登庁。気象庁のWEBサイトやメールのチェックをする
09:30	防災イベントの準備
11:00	防災イベントに出演してもらう人と打ち合わせ
12:00	昼休み
13:00	WEBサイトの更新作業
15:00	関係する役所から問い合わせのあった資料の確認
17:50	退庁

Q 仕事をする上で、大事にしていることは何ですか?

「情報のその先にいる人」を意識することです。気象庁は、全国各地の地震データを分析し、情報を発信しています。しかし、情報を受け取る人たちが今どのような状況に置かれているのか、また、本当に必要な情報が届いているのかを、私たちが直接知ることはあまりありません。

そうした一方通行の発信だからこそ、情報を受け取る人の状態を考え、「この情報はきちんと活用されているのだろうか」と想像力を働かせることが大切です。ときには、地域性をふまえて、「地震が続発することがあるので注意してください」とつけ加えたり、「復旧作業をするときは注意してください」などと、具体的に伝えたりすることもあります。

Q なぜこの仕事を目指したのですか?

地元である大分県には数多くの温泉があり、高校生のとき、地学についての課外授業で温泉について学びました。それ以来、地学に興味をもち、地球科学※を学べる大学に進学して、地震火山について研究するようになりました。地学のなかでもなぜ地震火山だったのかというと、ほかの研究よりも、実際に現地を訪れ、調査や観察をする機会が多いところに魅力を感じたからです。

実際に被災地へ行くようになり、現場での調査を重ねるうちに、「災害の危険性をしっかり伝えることができれば、被害は減らせるはずだ」と思うようになりました。そして、ひとりでも多くの命を守りたいと考え、地震や火山の情報を発信している気象庁に入りました。

Q 仕事をする上で、難しいと感じる部分はどこですか?

刻々と変化する自然現象を相手に、すばやく正確に作業を行うのは、簡単なことではありません。日ごろから定期的に模擬訓練をしたり、自分がどこにいてもあわてることなく適切な作業ができるように、心の準備をしたりしています。

私の仕事は、報道関係者からWEBサイトまで、広く発表するために必要な資料をつくることですが、同じ事柄でも、発表の仕方によって受け取る側の行動は変わってしまうので、どう伝えるかという難しさもあります。

Q 今までにどんな仕事をしましたか?

1年目は、「地震火山現業室」という場所で仕事をしていました。「地震火山現業室」は、全国に設置された計測機器を使って、地震や火山の活動を24時間監視する部署です。地震が起きたら、震源地はどこか、地震の大きさを示すマグニチュードはどのくらいか、各地の震度はいくつかを、すばやく割り出し発表します。また、津波が起こりそうなときは、津波警報や注意報を出します。

初めは、自分が分析して発表した地震情報がテレビやラジオでそのまま流れるのを知り、おどろきました。同時に、気象庁の職員として、つねに正しい情報を届けなければいけないという思いを強くしました。

PICKUP ITEM

仕事用のスマートフォン。気象庁のスマートフォン向けサイトの更新業務にもたずさわっている。また、自然災害による緊急事態の呼び出しに備え、休みの日でも持ち歩いている。

• スマートフォン •

各地の地震や火山のようすがたくさんのモニターに映し出される「地震火山現業室」。

用語　※ 地球科学 ⇒地球について研究する自然科学のひとつ。地球の構造や環境、地球の歴史などを学ぶ。

モニター画面を観ながら、同僚たちと、報道機関に発表する地震データを確認。

Q これからどんな仕事をしていきたいですか?

気象庁に入る前から感じていたことなのですが、気象庁が出している冊子やWEBサイトは、何年も前につくられたものをずっと使っていことが多く、情報が古かったり、わかりにくかったりするところがたくさんあります。より多くの人に自然災害の起きる仕組みを伝え、防災意識を高めてもらうためにも、もっとデザインを工夫して、理解が深まる内容に新しくしていきたいと思っています。

個人としても、今後起きる可能性のある大地震に対して、どのように備え、いざ起きたときにどのような対応をすべきかなど、自分の立場でできることを考え、真剣に業務に取り組んでいきたいです。

Q ふだんの生活で気をつけていることはありますか?

地震はいつ起きるかわからない自然災害です。休日に買い物をしているときや、夜中に家で寝ているときに地震が起きて呼び出しが入ることもあります。そのため、気象庁で災害に関わる部署にいる職員のなかには、すぐに集まることができるように、仕事場の近くに住むことが決められている人もいます。

私のいる部署では、「この期間に地震が起きたらだれとだれが集まる」という当番制になっています。当番になっている期間は、どこにいてもすばやく動けるように準備をし、緊張感をもって生活するようにしています。また、テレビやラジオなどのニュースにも気を配り、休みであっても情報を入手するようにしています。

気象庁が出している災害資料本。上野さんも制作に参加している。

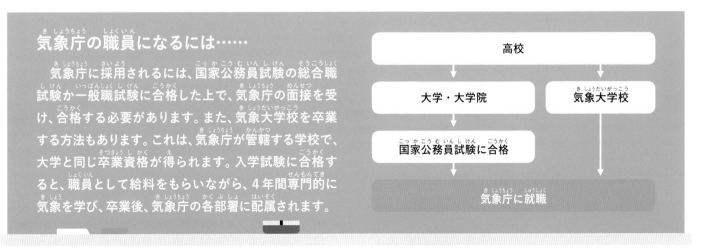

気象庁の職員になるには……

気象庁に採用されるには、国家公務員試験の総合職試験か一般職試験に合格した上で、気象庁の面接を受け、合格する必要があります。また、気象大学校を卒業する方法もあります。これは、気象庁が管轄する学校で、大学と同じ卒業資格が得られます。入学試験に合格すると、職員として給料をもらいながら、4年間専門的に気象を学び、卒業後、気象庁の各部署に配属されます。

高校
↓
大学・大学院 / 気象大学校
↓
国家公務員試験に合格
↓
気象庁に就職

用語 ※ 南海トラフ地震 ⇒ 静岡県の駿河湾から日向灘沖にかけてのプレート境界を震源域として、30年以内に約70〜80%の確率で起こるとされている巨大地震。

Q この仕事をするには どんな力が必要ですか?

緊急事態が起こり、急いで仕事をしなければならないときに必要なのが、あせらずに、落ち着いて作業をする力です。日ごろから、何となく仕事をするのでなく、優先順位を決め、計画を立てて仕事に取り組むように訓練しておくことで、いざというときもあわてることがありません。

また、情報を発信する仕事として、相手の気持ちになって考える力も必要です。今の部署には、「地震の分布図が見たい」とか、「この情報をくわしく教えてほしい」といった問い合わせが、報道機関から数多く寄せられます。対応するときには、その人がなぜその情報に注目しているのか、どう伝えれば正確に理解してもらえるかなど、相手の立場に立って答えるようにしています。

上野さんの夢ルート

小学校 ▶ 警察官

刑事ドラマ『相棒』が好きで、
正義感あふれる刑事が
かっこいいと思っていた。

▼

中学校 ▶ 考古学者か科学者

好きな映画の影響で
考古学者や科学者にあこがれた。

▼

高校 ▶ 科学者

温泉を通じ、地球について学ぶ授業から
科学者を目指すようになった。

▼

大学 ▶ 気象庁

大学で地震被災地に行ったことがきっかけで
人々を災害から守る仕事がしたくなった。

Q 中学生のとき、 どんな子どもでしたか?

映画『インディ・ジョーンズ』の影響で考古学者、『バック・トゥ・ザ・フューチャー』の影響で科学者になりたいと思っていました。また、手先を動かすのが好きだったので、得意科目は技術・家庭科で、ものづくりも裁縫も料理も、クラスでいちばん得意でした。その一方で、楽器の演奏はまったくできず、音楽は苦手でしたね。また、家でやる宿題に時間をかけるのがいやだったので、どの科目も授業内に理解できるように、先生の話を集中して聞いていました。

中学3年生のときには生徒会活動に参加し、書記長をまかされました。全校集会の司会をしたり、運動会や文化祭の準備をしたりなど、学校行事には積極的に取り組んでいました。とくに印象に残っているのは、生徒会のメンバーといっしょにつくった文化祭新聞です。デザインや見出しなどを自分たちなりに工夫して、多くの人に高い評価をもらいました。今考えると、このときの経験が、現在の仕事にもつながっている気がします。

家では、テレビを観るのが大好きで、ニュース番組は必ず観ていました。社会で起こるさまざまなできごとに興味があったからです。

生徒会では、ナンバー2の立場にある書記長として活躍。全校集会の司会役もつとめた。

Q 中学のときの職場体験は、 どこに行きましたか?

中学2年生のときに、同級生数人と地元の公民館で職場体験をしました。2〜3日だったと思いますが、窓口の仕事や施設内の掃除、来館者の対応などを行いました。また、中学3年生のときはクラス単位で裁判所を訪れ、それぞれ裁判官役、検察官役、弁護士役などに分かれて、模擬裁判を体験しました。

Q 職場体験では どんな印象をもちましたか?

公民館では、あまり緊張することもなく、リラックスして来館者と話をしたり、掃除をしたりすることができました。

3年生で訪れた裁判所は未知の世界だったので、とても緊張しました。模擬裁判では裁判所が用意してくれた台本に従って、裁判を進めていくのですが、最終的に有罪になるか無罪になるかは決められていないので、みんな自分の役割を果たそうと、本気になって取り組んでいました。

私は検察官役で被告人の罪を立証しようと必死に追いこんでいったのですが、結果は証拠不十分で無罪。人を有罪にするのは大変なことなんだと初めて知りました。そして人間の一生を左右する裁判というのは、重い仕事だと感じました。

Q この仕事を目指すなら、今、何をすればいいですか?

いろいろな人と話をして、コミュニケーション能力をみがいてください。この仕事は、テレビでの発表や、イベントでの説明など、情報発信者として人に何かを伝える場面がたくさんあります。私の場合は、生徒会活動で集会の司会をしたり、文化祭の準備をみんなで取り組んだりした経験が大いに役立っています。

学習面では、英語をがんばって勉強してください。最近は、地震情報を外国人向けに英文に翻訳したり、海外から来た研修生に英語で解説したりする仕事が増えています。英語で何かを伝える力を身につけておくとよいと思います。

キャリア教育の授業で行った裁判所では、模擬裁判を体験。検察官役を演じた。

正確な情報を1秒でも速く流す。それが人の命を救うことになるんです

－ 今できること －

ふだんの暮らし

地震火山部職員は、起きた地震の特徴や、必要な防災対策について、わかりやすく伝えるのが仕事のひとつです。

身近な人と話すとき、自分の伝えたいことを、筋道を立てて話すことができているか、相手にきちんと伝わっているかなどを意識するとよいでしょう。

また、学校によっては、防災委員会や消防クラブがあります。その場合は、それらの委員会やクラブに参加することで、防災に関する知識や意識が身につき、地域の防災イベントなどにも参加する機会が増えるでしょう。

 国語 地震の情報を人々に伝えるのが地震防災の仕事です。話す力、書く力、読む力をきたえ、情報を正しく読み取り、正確に伝えられるようにしましょう。

 社会 地域によって、必要な地震防災の内容が変わることがあります。地理をよく学び、それぞれの地域の自然環境の特徴にくわしくなりましょう。

 理科 地震が起こる仕組みを知るためには、理科の知識が必要です。中学の理科で学ぶ大地の成り立ちや、気象の基礎はきちんと学んでおきましょう。

 英語 海外と地震の情報をやりとりすることがあります。読み書きはもちろん、話す力もみがきましょう。

仕事のつながりがわかる

防災の仕事 関連マップ

大きな地震が起こった場合

ここまで紹介した防災の仕事が、
それぞれどう関連しているのか、見てみましょう。

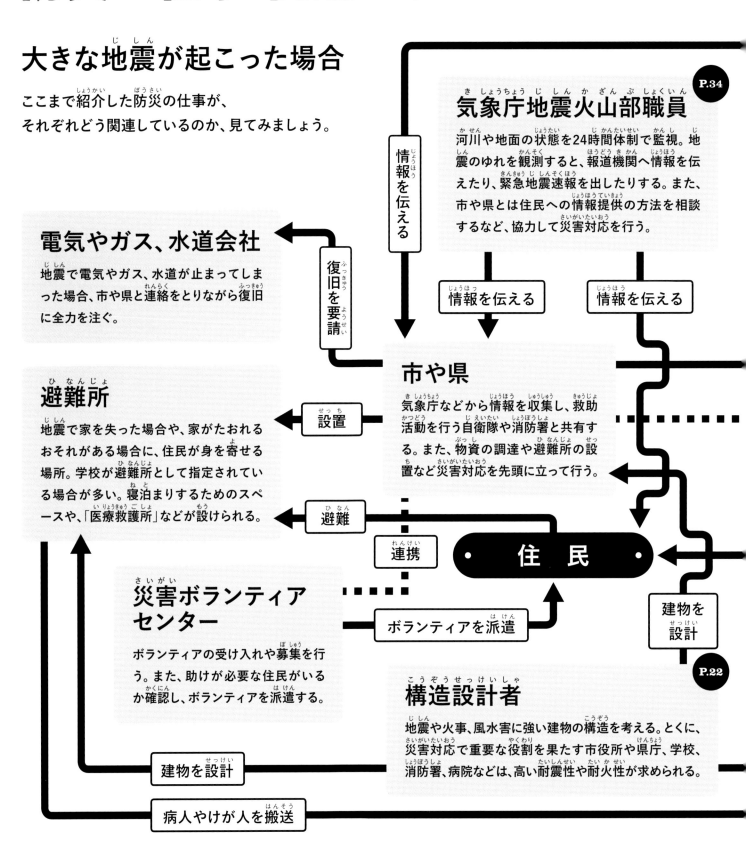

気象庁地震火山部職員 P.34

河川や地面の状態を24時間体制で監視。地震のゆれを観測すると、報道機関へ情報を伝えたり、緊急地震速報を出したりする。また、市や県とは住民への情報提供の方法を相談するなど、協力して災害対応を行う。

情報を伝える

電気やガス、水道会社

地震で電気やガス、水道が止まってしまった場合、市や県と連絡をとりながら復旧に全力を注ぐ。

復旧を要請

情報を伝える　情報を伝える

避難所

地震で家を失った場合や、家がたおれるおそれがある場合に、住民が身を寄せる場所。学校が避難所として指定されている場合が多い。寝泊まりするためのスペースや、「医療救護所」などが設けられる。

設置

市や県

気象庁などから情報を収集し、救助活動を行う自衛隊や消防署と共有する。また、物資の調達や避難所の設置など災害対応を先頭に立って行う。

避難

連携　　住　民

災害ボランティアセンター

ボランティアの受け入れや募集を行う。また、助けが必要な住民がいるか確認し、ボランティアを派遣する。

ボランティアを派遣

建物を設計 P.22

構造設計者

地震や火事、風水害に強い建物の構造を考える。とくに、災害対応で重要な役割を果たす市役所や県庁、学校、消防署、病院などは、高い耐震性や耐火性が求められる。

建物を設計

病人やけが人を搬送

P.10

ドローンパイロット

ふだんは、ドローンを飛ばして気象や災害に関する情報を集めている。災害が発生すると、人が入れない危険な場所などへドローンを飛ばし、被害状況の確認を行う。情報は市や県と共有し、人命救助などに役立ててもらう。

P.4

災害対応ロボット開発者

建物がたおれた場所や、毒ガスが充満した場所など、人間が入ることのできないところでも作業ができる災害対応ロボットの開発を行う。

ロボットを販売

自衛隊

県知事からの要請で被災地へ派遣され、住民の捜索や救助活動、物資の輸送などを行う。建物がくずれた場所や、毒ガスがもれ出している可能性がある危険な場所では、災害対応ロボットを使って活動を行う。

P.16

災害救助犬訓練士

災害救助犬は、建物や土砂の下じきになった人を、すぐれた嗅覚を活かして発見する。訓練士は、災害救助犬の訓練を行い、災害が起こると、犬とともに災害現場に向かい、自衛隊や消防署などと協力して、人命救助にあたる。

出動を要請

犬とともに救助へ向かう

ロボットを販売

救助活動

連携

消防署

火災が起こると、消防車で出動して消火活動にあたる。また、建物などの下じきとなった住民の救助や行方不明者の捜索も行う。病人やけが人を救急車で病院へ搬送するのも役割のひとつ。

消防車を販売

連携

P.28

消防車開発者

火災現場で必要な機能を考えて、消防車を開発する。高い建物から人を救助する「はしご車」や、石油コンビナートなどで水で消火できない油脂火災が起きると出動する「化学消防車」など、さまざまな消防車がある。

病院

病人やけが人の手当てにあたる。避難所の「医療救護所」で病院での手当てが必要と診断された患者も運びこまれる。建物がゆれや火災に強く、医療用品も備蓄している病院は「災害拠点病院」に指定されている。

建物を設計

これからのキャリア教育に必要な視点 27

防災はあらゆる仕事の
キーワード

● 防災は成長産業

　台風、豪雨、洪水、地震、津波、火山の噴火……毎年、日本各地で何らかの自然災害が発生し、尊い命や貴重な財産が失われています。日本には四季があり、美しい自然がありますが、そもそも国土の位置、地形、地質、気象などの自然条件により、世界のなかでも、もっとも自然災害が発生しやすい国のひとつです。しかも、近年の気候の変動によって、局地的・集中的に大雨が降る回数が増え、災害がより起こりやすくなっていることが指摘されています。この国で暮らしている以上、ひとりひとりが災害にそなえる必要がありますし、すべての産業で「防災」が無縁ではありません。

　この本に出てくるトピー工業のロボット開発者は「災害対応ロボットに目が向くようになったのは、ぼくが高専3年生のときに起きた、東日本大震災がきっかけです。毎日流れてくるニュースを目にして、災害に対しロボットで何かできないかと考えるようになったんです」と語っていました。

大きな災害がきっかけで、防災へ意識が向かい、将来の夢を考えることにつながったのです。

　日本は、ほかの国にくらべて、過去に多くの災害を経験しています。その分、災害の対応に関する研究や開発が進んでおり、これまで、災害対応ロボットの開発や建物の耐震化、緊急時の情報伝達システムの開発なども国をあげて取り組んでいる防災先進国です。日本の高い防災技術を、防災対策がまだ進んでいない国へ輸出しようとする動きもあります。今や防災は、成長産業のひとつになってきました。

● 防災の第一歩は町歩きから

　防災において、重要なのは情報です。私が中学校の校長をつとめていたとき、「愛マップ・プロジェクト」に学校全体で参加したことがあります。これは防災マップをデジタル化し、インターネット上で見られるようにするプロジェクトです。紙でできた防災マップは、地図上の情報を更新する

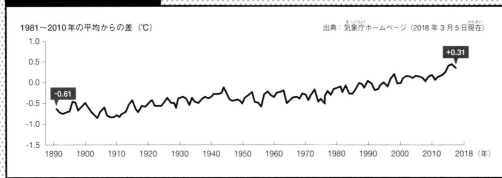

世界の年平均気温偏差※

1981〜2010年の平均からの差（℃）　　　　出典：気象庁ホームページ（2018年3月5日現在）

-0.61　　+0.31

1890　1900　1910　1920　1930　1940　1950　1960　1970　1980　1990　2000　2010　2018（年）

左のグラフは、年ごとに、平均気温が基準値からどれくらい差があったのかを表している。基準値とは1981〜2010年の平均気温。2018年は0.31℃上昇している。気温の上昇は、豪雨や竜巻などさまざまな異常気象の原因とも言われている。

※気温偏差は、年ごとの平均気温が基準値からどれくらい差があったのか表したもの。平均的な状態から気温のずれを見た方が、気候変動を確認するときにはわかりやすい。

日本では、さまざまな企業や大学で、災害時に活動するロボットの開発が進められている。2011年4月17日、東日本大震災の後、福島第一原子力発電所1号機の原子炉建屋に入った遠隔操作ロボット。

ことができないので、何年か経つと情報が古くなり、現実とずれてきてしまいます。その点、デジタル化された防災マップは、新しい情報をどんどん追加できます。インターネットにつながる環境があれば、地域の人と情報が共有できるのです。

このプロジェクトのために、生徒と保護者、教職員の有志が町を歩き、「たおれそうな塀」のような、災害時に被害が発生する可能性がある場所や、「避難場所」のような安全設備の設置場所などを見つけて、インターネット上の防災マップに書きこんでいきました。

町の防災は、町を知ることから始める必要があり、町歩きはその第一歩となります。実際に歩いてみると、防災倉庫、消火栓、屋外拡声マイク、掲示板など、何か起きたときに役に立つものがたくさん目に留まります。大事なのは、これらをだれかが管理しているということを、生徒たちが知ることです。ふだん気づかないだけで、防災は私たちの身近にあります。その延長線上に仕事があり、社会があるのです。

▶ 原点は愛する人を守りたい気持ち

「愛マップ・プロジェクト」を発案した防災研究者に、私はなぜ防災を研究しようと思ったのかと聞いたことがあります。彼の答えはじつにシンプルで「ぼくの大好きな彼女を守りたい」というものでした。大切な人を守りたいという気持ちは、行動の原動力となるのです。

防災対策は行政の仕事だと考えている人がいるかもしれませんが、その考えでは自分の大切な人を守れません。中学生は「助けられる人」ではなく、「助ける人」になることができるのです。

例えば、2018年の北海道胆振東部地震では、若者たちがSNSを使って、役所からの正確な災害情報を広めたり、救援物資の情報を広めたり、ボランティアを集めたりして、活躍したことが話題になりました。SNSに限らず、中学生のみなさんも、大切な人を守るために何ができるのか、一度考えてみてほしいと思います。

PROFILE
玉置 崇

岐阜聖徳学園大学教育学部教授。
愛知県小牧市の小学校を皮切りに、愛知教育大学附属名古屋中学校や小牧市立小牧中学校管理職、愛知県教育委員会海部教育事務所所長、小牧中学校校長などを経て、2015年4月から現職。数学の授業名人として知られる一方、ICT活用の分野でも手腕を発揮し、小牧市の情報環境を整備するとともに、教育システムの開発にも関わる。
文部科学省「校務におけるICT活用促進事業」事業検討委員会座長をつとめる。

構成／林孝美

さくいん

【取材協力】

トピー工業株式会社　https://www.topy.co.jp/
一般財団法人日本気象協会　https://tenki.jp/
一般社団法人ジャパンケネルクラブ　https://www.jkc.or.jp/
杉浦愛犬・警察犬訓練所　http://web.thn.jp/sugiura/sugiura/
森ビル株式会社　https://www.mori.co.jp/
株式会社モリタ　https://www.morita119.jp/
気象庁　https://www.jma.go.jp/

【写真協力】

日本気象協会　p10、p11
モリタ　p30
気象庁　p35
朝日新聞社　p43

【解説】

玉置 崇（岐阜聖徳学園大学教育学部教授）　p42-43

【装丁・本文デザイン】

アートディレクション／尾原史和
デザイン／石田弓恵・加藤 玲

【撮影】

平井伸造

【執筆】

小川こころ　p10-15、p34-39
遠山彩里　p16-21
田口浩次　p22-27
林 孝美　p42-43

【企画・編集】

西塔香絵・渡部のり子（小峰書店）
常松心平・和田全代・一柳麻衣子・中根会美・三守浩平（オフィス303）

キャリア教育に活きる!
仕事ファイル27
防災の仕事

2020年4月7日　第1刷発行

編　著　小峰書店編集部
発行者　小峰広一郎
発行所　株式会社小峰書店
　　　　〒162-0066東京都新宿区市谷台町4-15
　　　　TEL 03-3357-3521　FAX 03-3357-1027
　　　　https://www.komineshoten.co.jp/
印　刷　株式会社精興社
製　本　株式会社松岳社

©Komineshoten
2020 Printed in Japan
NDC 366 44p 29×23cm
ISBN978-4-338-33307-8

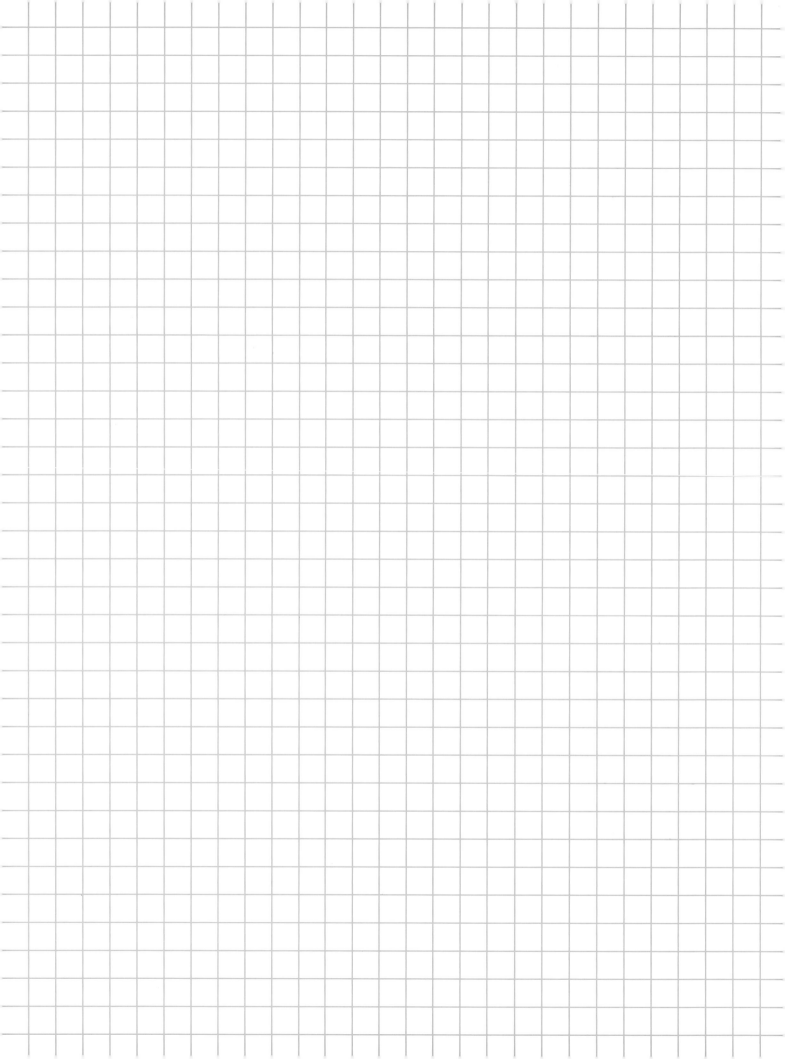